AF221365

Chersonissos

lieben lernen

Der perfekte Reiseführer für einen unvergesslichen Aufenthalt in Chersonissos

Mareike Vogt

FSC
www.fsc.org
MIX
Papier aus ver-
antwortungsvollen
Quellen
Paper from
responsible sources
FSC® C105338

Alle Ratschläge in diesem Buch wurden sorgfältig erwogen und geprüft. Eine Garantie kann dennoch nicht übernommen werden. Eine Haftung für jegliche Personen-, Sach- und Vermögensschäden ist daher ausgeschlossen. Die Benutzung dieses Buches und die Umsetzung der darin enthaltenen Informationen erfolgt ausdrücklich auf eigenes Risiko.

Alle Rechte, insbesondere das Recht der Vervielfältigung und Verbreitung der Übersetzung, vorbehalten. Kein Teil des Werkes darf in irgendeiner Form (durch Fotokopie, Mikrofilm oder ein anderes Verfahren) ohne schriftliche Genehmigung reproduziert oder unter Verwendung elektronischer Systeme gespeichert, verarbeitet, vervielfältigt oder verbreitet werden.

✈ INHALT

Das erwartet Sie in diesem Buch

Sehnen Sie sich nach einem Urlaub auf Kreta, sind sich aber nicht sicher, in welchem Ort Sie ein Hotelzimmer buchen sollen? Dann ist dieser Ratgeber genau das Richtige für Sie! Im Osten Kretas direkt an der Nordküste liegt das bei Touristen sehr beliebte Chersonissos. Der Ort ist ein perfektes Reiseziel für Urlauber aus aller Welt. Aber auch Einheimische, besonders die Jugendlichen aus der Region, tummeln sich hier. Sie erwartet eine gelungene Mischung aus griechischem Lebensflair gepaart mit dem bunten Trubel eines Touristenortes.

Besonders die Vielseitigkeit des Ortes spricht für einen Aufenthalt hier. Neben dem ursprünglichen Alt-Chersonissos, welches mit seinen kleinen Gassen, urigen Tavernen und alten Häusern entzückt, bietet Ihnen die Neustadt an der Küste jede Menge Urlaubsvergnügen. Geschäfte sämtlicher Art reihen sich hier eng aneinander, gemischt mit unzähligen Restaurants und Bars. Shoppen mit Ausblick auf das Meer? In Chersonissos ist das möglich!

Egal, ob Sie eher einen aufregenden Tag in dem dortigen Wasser-Vergnügungspark oder ein romantisches Candle-Light-Dinner direkt am Strand bevorzugen – hier werden Ihre Urlaubswünsche restlos erfüllt. Die traumhafte Umgebung mit der beeindruckenden Berglandschaft Kretas und dem Meer runden das Angebot des Urlaubsortes perfekt ab.

Neben Informationen zu dem Ort an sich werden Ihnen im Folgenden auch Tipps gegeben, wie Sie Ihren Urlaub in Chersonissos mithilfe von unterschiedlichen Ausflügen noch unvergesslicher gestalten. Dank des gut ausgebauten Tourismus in der Region können Sie dort diverse Ausflüge unternehmen, von einsamen Badeinseln bis hin zu historischen Zielen – von Chersonissos aus haben Sie unendlich viele Möglichkeiten, die Insel Kreta näher zu erkunden.

Geschichte und Informationen

VOM KLEINEN FISCHERDORF ZUM TOURISTEN-HOTSPOT

Nach der Eroberung Kretas durch römische Truppen 67 v. Chr. entwickelte sich Chersonissos zur Hafenstadt von Lyttos, in älterer Namensform auch Lyktos geschrieben. Überreste von Lyttos findet man bis heute südwestlich des gleichnamigen Dorfes, das zu Beginn des 20. Jahrhunderts nach der naheliegenden antiken Stadt benannt wurde. Auch in Chersonissos finden Sie Überreste vergangener Zeiten, beispielsweise am Hafen, wo Sie Spuren aus der byzantinischen Epoche finden und damals eine antike christliche Basilika gefunden wurde. Da die Bewohner der damaligen Hafenstadt immer wieder von Piraten bedroht und ausgeraubt wurden, wurde das heutige Alt-Chersonissos im Schutz der Berghänge gebaut, um die Bewohner vor weiteren Übergriffen zu schützen. Der Hafen wurde durch diesen gezwungenen Umzug der Bewohner zwischenzeitlich fast vollständig aufgegeben und Chersonissos entwickelte sich zu einem kleinen Fischerdorf. Ab Mitte des 20. Jahrhunderts erkannte man das Potenzial des Ortes als Touristenziel und begann damit, den Ort entsprechend zu erweitern.

Nach dem Bau der Nationalstraße im Jahre 1972 wurden die Orte entlang der Nordküste nach und nach touristisch erschlossen, so auch Chersonissos, das inzwischen zu den beliebtesten Touristenorten auf ganz Kreta gehört. Das Stadtbild wird heute geprägt durch den typisch griechischen Charme und den Trubel eines lebendigen Touristenortes. Neben unzähligen Restaurants, Hotels und Shops aller Art finden Sie hier auch diverse Bars, Clubs und Diskotheken.

Das ausschweifende Nachtleben des Ortes zieht aber nicht nur viele Touristen an, sondern auch die einheimische Jugend, die sich unter das bunte Geschehen mischt. Sie werden hier viele freundliche Menschen kennenlernen, sowohl Touristen als auch

Einheimische. Die Leute hier sind sehr herzlich und fröhlich, was bei dieser traumhaften Lage kaum verwunderlich ist. Trotz des blühenden Tourismus im Ort sind die meisten Einheimischen nicht gerade reich. Besonders die Leute, die in den dortigen Gastronomiebetrieben und Hotels arbeiten, verdienen angesichts der großen Gewinne der Tourismusbranche nicht annähernd genügend Lohn.

Geben Sie den gastfreundlichen Kretern etwas zurück, indem Sie beispielsweise jeden Tag ein oder zwei Euro Trinkgeld für den Reinigungsservice in Ihrem Hotelzimmer deponieren.

Das Personal, das für die Reinigung der Zimmer zuständig ist, verdient oft nur wenig Geld und bekommt auch selten etwas von dem Trinkgeld ab, da es meist nur unter den Restaurant- und Servicemitarbeitern aufgeteilt wird. Platzieren Sie das Geld deutlich, sodass klar ist, dass das Geld für die Reinigungskraft bestimmt ist. Legen Sie es beispielsweise auf Ihr Kopfkissen oder auf einen Zettel mit einer kleinen Botschaft.

DAS LEBEN AUF KRETA UND IN CHERSONISSOS

Chersonissos liegt im Osten der Insel Kreta direkt an der Nordküste. Kreta ist eine der südlichsten und mit seiner Größe von 8.200 km² die größte der griechischen Inseln. Die Insel ist zwar recht schmal, an ihrer schmalsten Stelle gerade einmal 12 km breit, sie ist aber mit ihrer Länge von etwa 260 km eine sehr langgezogene Insel. Eine Durchquerung von Osten nach Westen ist daher recht zeitintensiv, weshalb auch Ausflüge in die westliche Hälfte Kretas gut geplant und durchdacht sein sollten.

Ein vielfältiges Landschaftsbild prägt die Insel, der Gebirgsanteil überwiegt aber flächenmäßig eindeutig. Die größte Hochebene auf ganz Kreta, die Lassithi-Hochebene, liegt in der Nähe des Touristenortes. Ein Ausflug hierher lohnt sich, Sie erfahren mehr dazu im Abschnitt „Ausflüge in die Natur". Der höchste Berg ganz Kretas ist der Psiloritis mit einer Höhe von 2.456 m, der in dem zentralsten Gebirge der Insel liegt, dem Ida-Gebirge. Kreta gilt durch die Nähe zur Grenze der europäischen und afrikanischen Erdplatte auch als aktive Erdbebenregion, jedoch sind die Folgen der Erdbeben meistens eher milde.

Die knapp 600.000 Bewohner Kretas leben vorrangig in den größeren Städten entlang der Nordküste, nur etwa die Hälfte der Anwohner besiedelt die ländlichen Gebiete der Insel. Das liegt vor allem daran, dass eine gewinnbringende Landwirtschaft dort kaum möglich ist, da die zur Verfügung stehenden Flächen nicht für landwirtschaftliche Zwecke geeignet sind. So kommt es auch, dass der größere Teil der Insel nicht oder kaum besiedelt ist, vor allem das verkehrsmäßig kaum erschlossene südliche Gebiet Kretas.

Die Stadt Chersonissos besteht aus zwei Teilen, aus der Neustadt im Norden entlang der Küste und aus Alt-Chersonissos, das etwa 20 Gehminuten weiter südlich liegt. Hier geht es etwas ruhiger zu als am Küstenstreifen der Stadt. Sie finden hier einige gemütliche Tavernen, in denen Sie die ursprüngliche kretische Küche genießen können.

Durch den Verlauf der Neustadt entlang der Küste finden Sie hier zahlreiche Bademöglichkeiten, ohne den Ort verlassen zu müssen. Hier gibt es einen fast durchgängigen Sandstrand, der den ganzen Küstenstreifen der Stadt begleitet. Mit den Nachbarorten Malia und Stalida bildet Chersonissos heute eines der größten zusammenhängenden Tourismusgebiete auf ganz Kreta.

Ausflugsziele

Von Chersonissos aus können Sie viele spannende und schöne Ausflüge unternehmen. Im Ort selbst haben Sie zwar auch einige Möglichkeiten, es empfiehlt sich aber, sich auch an anderen Orten auf Kreta umzuschauen. Kreta bietet allerdings unzählige Ausflugsziele, die unmöglich alle während eines einzigen Aufenthalts erkundet werden können.

Daher soll Ihnen in den folgenden Kapiteln ein Einblick in die umfassenden Ausflugsmöglichkeiten der Insel gegeben werden, sodass Sie sich einen Eindruck der vielen Optionen machen können.

Da Chersonissos im Osten Kretas liegt, liegen die meisten der hier vorgestellten Ziele auf dieser Seite der Insel.

BADEAUSFLÜGE

Kreta hat eine Vielzahl traumhafter Strände zu bieten, die Sie zum Entspannen und Baden einladen. Neben den Stränden in Chersonissos und Umgebung gibt es weitere paradiesische Strände auf der Insel, die einen Besuch wert sind.

Von karibisch anmutenden Palmenstränden über Strände in Schluchten bis hin zu Stränden, die von einer anderen Welt zu sein scheinen – hier finden Sie alles, was die Herzen von Sonnenanbetern, Badenixen und Tauchern begehren! Die Anzahl an paradiesischen Stränden auf Kreta ist unendlich, die im Folgenden genannten Strände stellen nur eine kleine Auswahl der schönsten Strände dar und sollen Ihnen dabei helfen, die für Sie und Ihre Bedürfnisse passenden Strände auszuwählen.

Golden Beach auf Chrissi Island

Der Golden Beach befindet sich auf der kleinen Insel Chrissi Island, die vor der südlichen Küste Kretas im offenen lybischen Meer liegt. An der Nordseite der Insel finden Sie den Golden Beach, der unter anderem einen wundervollen Ausblick auf Kreta bietet.

Sie können hier zudem ein karibisches Feeling genießen, da der alte Zedernwald auf der Insel mit seinen verschlungenen und teils ausgetrockneten Bäumen und die umgebende unberührte Natur an eine verlassene Insel in der Karibik erinnern. Touristen erreichen die Insel ausschließlich mit dem Boot ab Ierapetra. Von Chersonissos aus werden Ausflüge auf die Insel angeboten, Sie können aber auch mit einem Mietwagen zum Hafen fahren und allein zur Insel übersetzen. Die Bootsfahrt dauert etwa 45 Minuten und kostet 22 € für Erwachsene und 11 € für Kinder.

Wenn Sie mit dem Boot ankommen und zum Golden Beach wollen, gehen Sie über einen kleinen Holzsteg durch den Zedernwald, der mit seinen teils über 200 Jahre alten Bäumen zu einem der ältesten Zedernwäldern Europas gehört. Sie laufen etwa 10 Minuten quer über die Insel, bis Sie am Golden Beach ankommen. Entlang des Steges und davor befinden sich einige schnucklige kleine Stände von Kretern, die dort Schmuck und Deko herstellen und diese dann verkaufen. Auch das getrocknete Meersalz von der Insel können Sie dort kaufen. Ein kleines Andenken mitzunehmen, lohnt sich – die Preise sind sehr niedrig und Sie haben eine Erinnerung an diese wunderschöne Insel und an den Tag, den Sie dort verbracht haben.

Am Strand angekommen, können Sie sich entweder eine Liege mit Schirm mieten oder es sich am Strand so bequem machen. Vor Ort finden Sie auch eine Strandbar, in der Sie Drinks oder einen kleinen Snack genießen können. Die Preise am Strand sind nicht gerade günstig, für eine Liege werden 10 € fällig. Als Alternative gibt es auch wunderschöne Liegeplätze am Rande des Strandes, wo Sie im Schutz der Zedern die Ruhe genießen können, auch, wenn sich mehrere Touristen mit Ihnen auf der Insel befinden.

Der Wassereinstieg vom Strand aus ist flach, es gibt aber kleine und große Steine, die den Einstieg schmerzhaft machen können. Seien Sie also etwas vorsichtig, wenn Sie ins Wasser gehen. Das Meer ist blau-türkis und herrlich klar. Zusammen mit dem atemberaubenden Ausblick auf Kretas Berglandschaft bietet dieser Strand ein unvergessliches Badeerlebnis. Auch zum Schnorcheln sind die Voraussetzungen hier perfekt!

Neben dem wunderschönen Golden Beach gibt es weitere Gründe, Chrissi Island zu besuchen. Mit ihrer Schönheit eignet sich die Insel perfekt für eine kurze Wanderung, bei der man die kleinen Besonderheiten der Insel entdecken kann. So gibt es beispielsweise einen Strandabschnitt an der Nordost-Seite der Insel, der nur aus Muscheln besteht, und einen kleinen Salzsee im Nordwesten der Insel, aus dem das verkaufte Salz stammt.

Der See befindet sich neben dem zweiten Hafen der Insel, an dem Griechen anlegen, die auf der Insel zu tun haben. Beeindruckend ist zudem die natürliche Landschaft der Insel, deren Hauptgestein aus verfestigtem Lavagestein besteht. Sie finden an jedem Strandabschnitt und jeder Küste größere und kleinere Felsplateaus daraus, die der Insel einen unvergleichlichen Charme verleihen. Planen Sie also auch unbedingt eine kleine Wanderung auf der Insel ein, es lohnt sich!

Elafonissi

Die ebenfalls im lybischen Meer liegende Insel Elafonissi und der zugehörige Elafonissi Beach bieten aus mehreren Gründen ein besonderes Ausflugserlebnis. Zum einen befindet sich einer der Strandabschnitte auf Kreta, der andere Abschnitt auf der Insel selbst und zum anderen erwartet Sie hier ein beeindruckendes Sand-Farbenspiel. Durch die teils rosafarbenen Muscheln und Korallen, die durch die Meeresbewegung in winzige Teilchen zerquetscht werden, wirkt der Sand an einigen Stellen rosa.

Die Intensität und Sichtbarkeit sind jedoch von mehreren Dingen abhängig, unter anderem von der Jahreszeit und dem Lichteinfall. Besonders an der Grenze zum Wasser finden Sie dieses Farbschauspiel, welches auf Bildern tatsächlich auffälliger wirkt als mit dem bloßen Auge. Durch die Nähe der Insel Elafonissi zu Kreta können Sie durch das flache Wasser zwischen den beiden Strandteilen hin und her spazieren, Erwachsenen geht das Wasser hier an der höchsten Stelle maximal bis zur Hüfte.

Der Wassereinstieg auf beiden Seiten ist zudem sehr flach, sodass der Strand auch für Familien mit Kleinkindern geeignet ist. Es gibt mehrere anliegende Badebuchten mit unterschiedlichen Badebedingungen sowie eine Lagune, in der Sie ein karibisches Flair genießen können. Der Strand hat aufgrund seiner paradiesischen Beschaffenheit mehrere Spitznamen, so wird er zum Beispiel als „Karibik von Europa" bezeichnet.

Trotz der Abgelegenheit dieses Ortes und den strengeren Auflagen aufgrund des Naturschutzes der unmittelbar angrenzenden Insel findet sich auf Kretas Seite des Strandes eine gut ausgebaute Infrastruktur, es gibt große Parkplätze, mehrere Bademeister, einige Tavernen, Snack-Bars und Geschäfte sowie öffentliche Duschen und Toiletten.

Trotz der vielen Besucher ist der Strand sehr sauber und gepflegt. Für den nachhaltigen Tourismus, der dort betrieben wird, wurde der Strand schon mehrfach mit der Blauen Flagge ausgezeichnet. Wenn es Ihnen aufgrund der vielen Besucher zu voll an den beiden Strandabschnitten ist, bietet sich eine Flucht ins Wasser an. Es werden mehrere Wassersport-Aktivitäten dort angeboten, unter anderem auch Wind- und Kitesurfen.

Die Insel selbst ist etwa 1,3 km lang und 400 m breit. Hier gibt es keinerlei Infrastruktur, Sie sollten also, wenn Sie eine kleine Wanderung auf die Insel vom anderen Strandabschnitt planen, genügend Wasser mitnehmen. Durch den strengen Naturschutz ist es nicht erlaubt, hier zu campen, Feuer zu machen oder Ähnliches. Sie können die Insel über mehrere Fußwege erkunden, die über die Insel führen. Besonders auf der Seite der Insel, die dem offenen Meer zugewandt ist, gibt es einige kleinere interessante Bauten und Denkmäler. So finden Sie hier beispielsweise eine kleine Kapelle mit Denkmal, die an das türkische Massaker von 1828 auf der Insel erinnert, und einen Leuchtturm, der nach einem Schiffsunglück dort errichtet wurde. Die Aussicht auf das offene Meer von der Insel aus ist grandios, sodass sich ein kurzer Besuch auf der Insel definitiv lohnt, wenn Sie am Elafonissi Beach sind.

Elafonissi Beach ist von den hier vorgestellten Stränden das am weitesten von Chersonissos entfernte Badeausflugsziel. Vorab sollten Sie daher bedenken, dass sich ein Tagesausflug hierher aus Chersonissos nur bedingt lohnt. Es werden zwar diverse Touristenausflüge aus der Stadt nach Elafonissi angeboten, durch die lange Fahrtzeit im Reisebus verlieren Sie jedoch wertvolle Zeit, die Sie stattdessen zum Sonnenbaden, Schwimmen oder zum Seele baumeln lassen am dortigen Strand nutzen könnten. Wenn Sie einen Mietwagen haben und Ihre finanzielle Situation es zulässt, empfiehlt es sich, eine Nacht in der Nähe zu verbringen, so haben Sie mehr von Ihrem Besuch dort. Dörfer gibt es zwar keine in der näheren Umgebung, manche Bewohner der vereinzelt stehenden Häuser bieten aber Übernachtungen in ihren Häusern an. Die Mehrkosten für eine Übernachtung machen sich durch die längere Aufenthaltsdauer am Strand definitiv bezahlt!

Vai Palm Beach

Im äußersten Nord-Osten von Kreta befindet sich Vai Palm Beach, einer der bekanntesten Strände der ganzen Insel. Er ist vor allem berühmt für seine Palmen-Pracht, denn hier wachsen etwa 5.000 Exemplare der seltenen Phoenix-Theophrasti-Palme, auch bekannt als Kretische Dattelpalme. Diese Art war dort einige Zeit vom Aussterben bedroht, da in den 70er Jahren die Hippies und die anderen Touristen die Palmenblätter immer wieder abrissen und Sprüche in die Stämme einritzten. Die Palmen mussten daraufhin sogar eingezäunt werden. Das zuvor erlaubte Camping am Vai Palm Beach wurde ebenfalls verboten.

Sie erreichen den Strand bequem mit dem Mietwagen oder den öffentlichen Bussen, es werden aber auch Touristenausflüge ab Chersonissos angeboten. Planen Sie hierfür jedoch etwas Zeit ein, da der Strand nicht gerade im Nachbarort liegt. Am Vai Palm Beach gibt es eine gute Infrastruktur mit Parkplätzen, Geschäften, Bademeistern, Wassersportanbietern und einem Restaurant. Das Restaurant ist mit einer Panorama-Terrasse ausgestattet, von der aus Sie einen wunderschönen Ausblick auf das Meer und die Palmen haben.

Der beeindruckende Palmenwald, der sich angrenzend zum Strand befindet, gehört zu den größten Palmenwäldern Europas und eignet sich mit seinen großen, teils Jahrhunderte alten Palmen perfekt für einen Spaziergang. Mit der Palmenkulisse fühlt man sich beim Baden und Sonnen wie in der Karibik.

Durch die flache Einstiegsmöglichkeit ins Wasser ist der Strand auch bei Familien mit Kleinkindern sehr beliebt. Abgesehen von dem dortigen Palmenwald ist dies ein typischer Touristenstrand. Vai Palm Beach ist sehr gut besucht. Da der Strand nicht sonderlich weitläufig ist, kann es hier in der Hauptreisezeit im Hochsommer schnell voll werden. Wenn Sie einen eher ruhigeren und weniger besuchten Strand vorziehen, sind Sie mit dem folgenden Geheimtipp gut bedient.

Kap Triopetra
Das Kap Triopetra befindet sich auf der Südseite Kretas und hat seinen Namen von den drei einzelnstehenden Felsen, die aus schrägen plattenförmigen Schichten bestehen. Die beiden vorhandenen Strände werden nur durch diese Felsen voneinander

getrennt. Durch den Übergang zu den Ausläufern des Berges Siderotas erwartet Sie hier eine atemberaubende Landschaftsszenerie.

Der Hauptstrand von Triopetra ist ideal für Sie, wenn Sie lange Strandspaziergänge mögen. Sie können etwa vier Kilometer am Meer entlang gehen, vorbei an sehenswerten Naturstränden, bis in den Ort Ligres. Auch Wassersportler kommen hier auf ihre Kosten: Durch den offenen Küstenabschnitt, der nicht durch das Kap geschützt ist, finden Sie hier einen herrlichen Wellengang mit ordentlich Wind. Auch für abenteuerlustige Schwimmer ist dieser Strand bestens geeignet. Planen Sie einen Besuch hier, bringen Sie bitte genügend Verpflegung mit, da es durch die Abgelegenheit und den fehlenden Touristenverkehr kaum Gastronomie gibt.

Dies gilt auch für den kleineren Strand südöstlich des Kaps, wobei es hier zumindest einige wenige Verpflegungsmöglichkeiten gibt. Dieser Abschnitt ist besonders für Familien mit Kindern geeignet, da durch den Schutz des Kaps hier kaum Wellengang herrscht und es auch nicht so windig ist wie am Hauptstrand. Auf dieser Seite liegt der kleine Hafen Stomio, der jedoch nur von Booten geringer Größe angefahren wird.

Möchten Sie das Kap Triopetra besuchen, ist ein

Mietwagen unbedingt notwendig. Es gibt kaum Reiseanbieter, die Ausflüge zu diesen Stränden anbieten. Aus Chersonissos werden dementsprechend auch keine Ausflüge dorthin angeboten. Mit dem Auto erreichen Sie Triopetra über die Straßen von Sachtouria oder Akoumia. Durch die Abgelegenheit und mangels Ausflugsanbietern sind die Strände hier meist menschenleer, auch zur beliebtesten Reisezeit.

Wenn Sie also einen ruhigen Strand suchen, der wenig besucht ist und trotzdem eine atemberaubende Schönheit zu bieten hat, sind Sie mit den beiden Stränden am Kap Triopetra sehr gut beraten – ein echter Geheimtipp unter den unzähligen traumhaften Stränden Kretas!

STÄDTETRIPS

Auch für Stadtbegeisterte hat Kreta etwas zu bieten. In der Nähe von Chersonissos befinden sich mehrere Städte, die einen Besuch wert sind. Von historischen Altstädten über zauberhafte Stadtbilder bis hin zu Shoppingoptionen ist alles dabei. Verschaffen Sie sich mit der Vorstellung der folgenden Städte und ihren Besonderheiten einen Überblick und finden Sie heraus, welche Städtetrips sich für Sie wirklich lohnen.

Agios Nikolaos

Das ehemalige Fischerdorf Agios Nikolaos liegt östlich von Chersonissos an der Nordküste Kretas in einer größeren Bucht und hat sich mit den Jahren zu der Bezirkshauptstadt im Osten Kretas entwickelt. Die Stadt ist bequem und günstig mit den öffentlichen Bussen zu erreichen.

Die Busse fahren auf der Hauptstraße von Chersonissos, ein Ticket nach Agios Nikolaos kostet ungefähr 4 € pro Person. Wenn Sie mit dem öffentlichen Bus fahren, kommen Sie in dem höher gelegenen Teil der Stadt am dortigen Busbahnhof an. Von dort aus erreichen Sie den unteren Teil der Hafenstadt in etwa 20 Minuten. Da es bergab geht, ist die Strecke nicht anstrengend. Fahren Sie aber mit dem öffentlichen Bus später auch wieder zurück, könnte der dann bevorstehende Aufstieg aufgrund der steilen Straßen anstrengend werden. Bequemer ist die Anreise mit dem Mietwagen, sofern einer vorhanden ist. Parkmöglichkeiten gibt es in Agios Nikolaos an fast jeder Ecke, manchmal muss man jedoch etwas suchen, bis man einen Platz gefunden hat.

Die Innenstadt von Agios Nikolaos lädt mit ihren kleinen Gassen und den geschmackvoll eingerichteten Gastronomie-Betrieben zum Shoppen,

Schlemmen und Verweilen ein. Sie finden hier jede Menge Schmuck- und Modegeschäfte, Souvenir- und Geschenkläden sowie einige spezielle Shops, in denen Sie Beauty- und Pflegeprodukte, Produkte aus Olivenholz, Olivenöl und Gewürze kaufen können. Ein besonderes Highlight-Geschäft, in dem Sie Edelsteine und daraus hergestellte Produkte bewundern können, befindet sich mitten in der Innenstadt.

Von kleinen Steinen bis hin zu menschengroßen Skulpturen ist alles vorhanden. Ein Besuch hier lohnt sich allein schon wegen des ungewöhnlichen Anblicks. Neben diesem Shop gibt es weitere Spezialgeschäfte in Agios Nikolaos, die einen Besuch wert sind. So gibt es beispielsweise auch einen Laden in der Innenstadt, wo Sie ausschließlich echte Schwämme in allen erdenklichen Formen und Größen kaufen können. Unweit des Hafens und der Innenstadt befindet sich der Voulismeni-See, der früher auch als bodenloser See bezeichnet wurde, da man lange Zeit nicht wusste, wie tief der See tatsächlich ist. Am See finden Sie mehrere Restaurants, von denen aus Sie neben kretischen Spezialitäten sowie Erfrischungen und Imbissen aller Art einen wunderschönen Ausblick auf den See, die steile Felswand sowie auf den höherliegenden Teil der Stadt genießen können.

Um Ihrem Tag dort einen krönenden Abschluss zu verleihen, lohnt sich ein Spaziergang am Hafen und an der Küste entlang. Direkt am Hafen befindet sich auch die berühmte Statue von Zeus in Stierform mit Europa auf seinem Rücken. Weiter südlich gelangen Sie zu einem kleinen Weg, der an der Küste entlangführt. Sie können hier einen schönen Ausblick auf das Meer und die gegenüberliegende kretische Berglandschaft genießen.

Zu dem Stadtbezirk Agios Nikolaos gehören weitere kleine Orte, die sich für einen Besuch anbieten. Einer davon ist Elounda, wo Sie neben einem entzückenden Hafen und architektonisch ansprechenden Häusern auch die Cretan Oliveoil Farm besichtigen können, wo Führungen durch die Olivenöl- und Käseproduktion inklusive Verkostung sowie verschiedene Kochkurse angeboten werden. Für den fairen Preis von 30 € pro Person können Sie das dreistündige Cretan Culture Panorama Paket buchen, welches eine Farmführung inkl. Produktion, Kochkurs und Verkostung der Produkte enthält. Wenn Sie schon immer einmal einen Einblick in die Olivenöl- und Käseproduktion bekommen wollten, ist dieses Paket genau das Richtige für Sie!

Heraklion

Heraklion, auch Iraklio genannt, ist die Hauptstadt Kretas. Dort liegt einer der beiden größeren Flughäfen von Kreta. Der andere Flughafen liegt im Westen der Insel in der Stadt Chania, daher landen Sie meist in Heraklion, wenn Sie eine Pauschalreise in einem der Orte im Osten Kretas gebucht haben. Im Großraum der Inselhauptstadt wohnt etwa ein Drittel aller Kreter.

Heraklion ist mit seinen fast 200.000 Einwohnern eine bunte und lebendige Stadt, sowohl bei Tag als auch bei Nacht. Das historische Stadtbild wird durch die darin integrierten langen Einkaufsmeilen mit unzähligen Boutiquen, Cafés und Restaurants wunderbar ergänzt. Sie haben hier die Möglichkeit, eine historische und dennoch moderne Stadt kennenzulernen. Die Museen dort gehören zu den wichtigsten in ganz Griechenland. Mit seinen zahlreichen Einkaufsmöglichkeiten ist Heraklion außerdem als Shoppingmetropole auf der Insel unübertroffen.

Sehenswert sind in der Stadt vor allem die vielen verteilten Überreste alter dort herrschender Kulturen, beispielsweise der venezianische Hafen und die Festung, die dort steht. Auf Teilen der ehemaligen Stadtmauer, welche Heraklion umschloss, können Sie heute sogar spazieren gehen. Als Treffpunkt in der Stadt gilt der Morosíni-Brunnen, ein venezianischer Löwenbrunnen. Er liegt inmitten der Innenstadt und führt alle wichtigen Einkaufs- und Nachtmeilen der Stadt zusammen. Hier herrscht den ganzen Tag über ein buntes Treiben, im Hochsommer kann es hier schnell voll werden.

Touristentouren aus Chersonissos nach Heraklion werden zwar angeboten, jedoch ist die Stadt bei diesen Touren nur ein Zwischenstopp, bspw. auf der Rückfahrt von dem Palast Knossos oder anderen Attraktionen. Nach Heraklion kommen Sie am entspanntesten auf eigene Faust mit dem Bus. Da die Stadt nur 25 km von Chersonissos entfernt liegt, dauert eine Busfahrt nur etwa 30 Minuten. Sie können auch mit Ihrem Mietwagen in die Stadt fahren, die Parkmöglichkeiten sind jedoch eine Katastrophe und die Straßen dort sind sehr eng. Da die Bustickets mit etwa 4 € pro Person recht günstig sind, lohnt sich der Stress, mit dem Auto in die Stadt zu fahren, nicht. Sie können außerdem alles Sehenswerte in der Stadt bequem zu Fuß erreichen.

Oia und Fira auf Santorin

Die Insel Santorin gehört zu den Kykladen-Inseln und liegt im Ägäischen Meer. Oia liegt im Norden der Insel und ist bekannt als das schönste Dorf Griechenlands. Sicherlich haben Sie Oia schon einmal auf einer Postkarte gesehen, es zeichnet sich durch die weißen Häuser mit den blauen Dächern und die vielen Windmühlen aus.

Es ist ein Ort, der bereits zahlreiche Besucher mit seinem besonderen Charme und den, so sagt man, weltweit schönsten Sonnenuntergängen verzaubert hat. Das alte Kastell ist ein Hotspot für alle Sonnenuntergangs-Liebhaber und daher oft überfüllt. Auch die Reisegruppen werden meist abends hierhergeführt, um sich das Spektakel anzuschauen.

Falls Sie auch den Wunsch haben, solche Sonnenuntergänge mitzuerleben, ist es von Vorteil, sich stattdessen rechtzeitig einen Tisch in einem der Restaurants zu reservieren. Von einigen Restaurants, beispielsweise der Katharos Lounge, hat man einen wundervollen Ausblick auf das Meer und den Sonnenuntergang. Neben diesem hat Oia noch weitere interessante Sachen zu bieten. So gibt es beispielsweise einige kleine Kunstgalerien, die Kunsthandwerke und farbenfrohe Malereien ausstellen, sowie jede Menge schnuckelige Cafés und Tavernen.

Architekturbegeisterte kommen hier voll auf ihre Kosten, die Architektur begeistert mit ihren Farben und dem gekonnten Zusammenspiel mit dem für den Hausbau schwierigen Untergrund. Auch für Seefahrtinteressierte ist Oia aufgrund des dortigen

Seefahrtmuseums sehr interessant. Im Vergleich zu der Insel-Hauptstadt Fira geht es in Oia tagsüber etwas ruhiger zu. Natürlich wandern auch hier viele Touristen durch die Gassen, mit dem Trubel in Fira ist das aber keinesfalls zu vergleichen.

Die Hauptstadt Fira ist zugleich die Hafenstadt der Insel. Dort kommen auch die Kreuzfahrtschiffe an, die in der Hauptsaison täglich tausende Touristen nach Santorin bringen. Vom alten Hafen aus haben Sie drei Möglichkeiten, in die obere Stadt zu gelangen: Sie laufen eine steile Treppe hoch, Sie nehmen einen Esel, der Sie nach oben bringt, oder Sie wählen die Seilbahn, langweilig wird Ihr Aufstieg auf jeden Fall nicht! Oben angekommen, können Sie die Stadt mit ihren kleinen verwinkelten Gassen und den dortigen Geschäften bestaunen. Sie finden dort allerhand Boutiquen, schnuckelige Cafés, Bars und Restaurants sowie einige schöne Kirchen und Museen, die einen Besuch wert sind.

Fira beeindruckt trotz der Touristenmassen mit einem malerischen Gesamtbild, es empfiehlt sich jedoch, die Stadt nicht gerade mittags im Hochsommer zu besuchen, wenn die meisten Touristen unterwegs sind. Generell gilt: Meiden Sie mittags die Innenstädte der beiden vorgestellten Orte auf Santorin, denn zu dieser Zeit sind dort die meisten Menschen unterwegs, es ist ein einziges Gedränge durch die kleinen Gassen. Nachmittags sind die Touristen wieder weg, sodass die besten Zeiten für einen Stadtbummel entweder morgens oder am frühen Abend sind.

Santorin ist von Heraklion aus mit dem Boot zu erreichen, die Überfahrt dauert etwa zwei Stunden und kostet etwa 60 € pro Person. Sie können so auf eigene Faust anreisen oder eine der Touristentouren buchen, die aus Chersonissos angeboten werden. Es gibt Tagesausflüge und Ausflüge über zwei Tage. Aufgrund seiner faszinierenden Orte bietet es sich an, für ein oder zwei Tage auf Santorin zu bleiben, um die Insel erkunden zu können. Wenn Ihr Geldbeutel es zulässt und Sie eigenständig anreisen wollen, können Sie sich in dem Ort Oia nach Angeboten umschauen. Die Unterkünfte dort gelten als ausgezeichnet und sind oft mitten in die felsige Küste hineingebaut, wodurch Sie von dort aus einen atemberaubenden Ausblick auf das Meer genießen können.

HISTORISCHE AUSFLUGSZIELE

Neben den traumhaften Stränden und den wunderschönen Städten hat Kreta auch jede Menge Kultur und Geschichte zu bieten, die Sie von Chersonissos aus erforschen können. Auf der Insel verteilt befinden sich viele historisch und kulturell bedeutende archäologische Ausgrabungsstätten und Paläste, die besonders für Geschichtsbegeisterte interessant sind. Im Folgenden werden Ihnen die beiden bekanntesten und beliebtesten historischen Ausflugsziele vorgestellt.

Palast von Knossos
Als absolutes Muss unter den Touristen gilt der sogenannte Palast von Knossos, der sich in der Nähe von Heraklion befindet. Laut Schätzungen lebten dort damals bis zu 80.000 Menschen, doch von ihnen und ihrer Geschichte haben sie uns kaum etwas überliefert. Eine Schrift gab es zwar bereits bei den Bewohnern, sie wurde jedoch nur für die Datenspeicherung der Vorräte verwendet, die in großen Krügen gelagert wurden. Während woanders auf der Welt noch in Höhlen und Ähnlichem gewohnt wurde, hatten die Menschen hier bereits eine Art Kanalisationssystem für ihr Abwasser und sie wohnten in teils bis zu vier Stockwerken hohen gepflasterten

Häusern. Auch die Wege waren bereits gepflastert. Man geht davon aus, dass hier sogar die erste Straße Europas gebaut wurde. Der Palast wurde von Sir Arthur Evans im ersten Viertel des 20. Jahrhunderts freigelegt und anschließend in Teilen nachgebildet.

Durch die Rekonstruktion wird der eigenen Fantasie dabei geholfen, den ursprünglichen Aufbau des Palastes und das damalige Leben der Bewohner wieder lebendig werden zu lassen. Natürlich sind nicht alle Dinge, die Sie dort sehen, so, wie sie damals waren. Der Großteil des Geländes wurde auf Basis des geringen Wissens, das über den Palast vorhanden ist, nachgebildet.

Neben der historischen Ausgrabungsstätte befindet sich auch ein Restaurant, in dem Erfrischungen und klassische griechische Speisen angeboten werden. Sie können über die verschiedenen Ausflugsanbieter einen Besuch in Knossos buchen, Sie können aber auch auf eigene Faust die Geschichte Kretas erkunden. Durch die Nähe zu Heraklion sind die Busverbindungen hierher, auch aus Chersonissos, sehr gut. Für 15 € pro Person können Sie sich ein Tagesticket für den Palast kaufen, für einen Euro mehr, also 16 €, erhalten Sie ein Kombi-Ticket, mit dem Sie ebenfalls Eintritt in das Archäologische Museum in Heraklion erhalten. Es gibt Tourguides, die für 10 €

Aufpreis eine Führung auf verschiedenen Sprachen durch den Palast von Knossos anbieten. Die Guides stehen vor dem Eingang zu Knossos und sprechen die ankommenden Touristen an. Wenn Sie mehr über die Mythen und die minoische Kultur erfahren möchten, ist ein Besuch des Palastes von Knossos ein Muss!

Spinalonga

Im westlichen Golf von Mirabello vor der nördlichen Küste Kretas befindet sich die ehemalige Leprakolonie-Insel Spinalonga. Auch die Lepra-Insel stellt ein interessantes und sehenswertes historisches Ausflugsziel dar. Von 1901 bis 1957 lebten hier Lepra-Kranke, die vom Festland auf diese kleine Insel verbannt wurden.

Die Menschen lebten hier in völliger Isolation in einem von ihnen selbst wieder aufgebauten Dorf, das noch aus den Zeiten der türkischen Besatzung stammte. Als die ersten Lepra-Kranken hier ankamen, war das Dorf jedoch in einem sehr schlechten Zustand. Die Menschen zogen ein, wo Platz war. Eine Organisation des Lebens dort gab es viele Jahre lang nicht.

Dies besserte sich mit der Zeit, als die Leute anfingen, sich selbst zu helfen. Denn durch die völlige Isolation blieb ihnen ja auch nichts anderes übrig, als sich letztendlich selbstständig zu organisieren. Hilfe von außerhalb gab es kaum. Auf der Insel versuchten die Erkrankten, ihr Leben so gut es ging normal weiterzuführen, auch, wenn dies angesichts ihrer schweren Erkrankung kaum möglich war.

Es wurden Ehen geschlossen, Geschäfte aufgebaut und gesunde Kinder geboren. Die Neugeborenen wurden ihren Müttern allerdings nach der Geburt weggenommen und in ein Waisenhaus auf Kreta gebracht. Neben der tragischen Geschichte hat die Insel jedoch auch schöne Seiten zu bieten. Sie haben von hier einen sehr beeindruckenden Blick auf die Küstenlandschaft und das Meer.

Die inzwischen mit grünen Pflanzen und bunten Blumen überwucherten Dorf-Überreste bieten Ihnen zudem eine schöne Kulisse, um die Geschichte der Insel zu erkunden. Auf dem Höhepunkt der Insel befinden sich Überreste einer Festung, die vor der Kulisse des offenen Meeres ein wunderschönes Fotomotiv abgibt. Der Aufstieg dorthin ist hart, besonders, weil es dort keinerlei Schatten und keine befestigten Wege gibt, dennoch lohnt sich die Anstrengung! Es werden Touristentouren inklusive Führungen nach Spinalonga angeboten, die teilweise noch mit einem Halt in der Bucht am Kolukytha/Vathi Strand, wo Sie einige wunderschöne Stunden

genießen können, und mit einem Besuch in Agios Nikolaos verbunden sind.

Die Preise für diese Touren beinhalten aber
nicht den Eintritt auf Spinalonga, welcher für Erwachsene 8 € kostet. Für Jugendliche bis 18 Jahren
ist der Eintritt umsonst. Es gibt mehrere Tage im
Jahr, an denen der Inseleintritt frei ist, diese sind der
18. April, der 18. Mai, der 29. und 30. September sowie der 28. Oktober.

Sie können auch selbst anreisen, es gibt preiswerte Bootsfahrten von Agios Nikolaos, Elounda und
Plaka. Der Besuch der Insel ist ein beeindruckendes
und etwas beklemmendes Erlebnis zugleich, be-
denkt man die grausame Leidensgeschichte, die die
auf der Insel lebenden Menschen durchmachen
mussten. Den Besuch hier werden Sie nicht so
schnell vergessen.

AUSFLÜGE IN DIE NATUR

Da Kreta eine äußerst beeindruckende Natur zu bieten hat, empfiehlt es sich auf jeden Fall, diese bei einigen Ausflügen näher zu erkunden. Neben ausschweifenden Wanderungen, für welche sich die wunderschöne Landschaft Kretas wunderbar eignet, können Sie weitere spannende Unternehmungen einplanen, die Ihren Kreta-Aufenthalt unvergesslich machen werden.

Lassithi-Hochebene
In Chersonissos beginnt eine der zwei Passstraßen, über die man die Lassithi-Hochebene erreicht. Sie ist die kürzere der Passstraßen mit einer Länge von ca. 25 km. Die Ebene ist mit ca. 10 km Länge und bis zu 7 km Breite die flächenmäßig größte Hochebene auf ganz Kreta.

Zunächst führt die Passstraße auf etwa 1.100 Meter hinauf, von wo aus Sie den besten Ausblick auf die gesamte Lassithi-Hochebene haben. Folgen Sie der Passstraße weiter, so führt diese Sie anschließend 200 bis 300 Meter auf die Hochebene hinab. Der Hauptort der Ebene ist Tzermiadon, wo Sie neben kleinen Tavernen auch preiswerte Übernachtungsangebote finden, wenn Sie länger als einen Tag bleiben möchten. Wenn Sie unabhängig von den angebotenen Touristenausflügen die Ebene auf eigene Faust erkunden möchten, ist eine Anreise mit dem Mietwagen ideal. Sie haben so die Möglichkeit, die für Sie interessanten Orte an einem Tag zu besuchen, und sind nicht auf die Busverbindungen angewiesen.

Es gibt Busse, die ein- bis zweimal täglich von Chersonissos, Heraklion und Agios Nikolaos starten. Wenn Sie einen Tagesausflug machen wollen, prüfen Sie bei einer gewünschten Anreise mit dem Bus, ob es Busverbindungen am Vormittag und am Nachmittag gibt. In Heraklion haben Sie die höchsten Chancen darauf. Auf der Lassithi-Hochebene und in den dort angesiedelten Dörfern befinden sich mehrere Touristenattraktionen, die Sie besuchen können. Unter anderem befindet sich hier auch die Höhle von Psichro, die Höhle des Zeus.

Samaria-Schlucht

Die Schlucht von Samaria ist ebenfalls einen Besuch wert, wenn Sie auf der Suche nach beeindruckenden Naturkulissen sind. Sie liegt im Südwesten der Insel und erfreut besonders das Herz der wanderbegeisterten Touristen. Mit 17 km Länge und einem Höhenunterschied von bis zu 1.200 Metern gehört sie zu den längsten Schluchten Europas.

Die Schlucht führt zwischen beeindruckenden

zerklüfteten Felswänden hindurch, die bis zu 600 m hoch sind. An der schmalsten Stelle, der sogenannten „Eisernen Pforte", ist die Schlucht lediglich 3 m breit. Wenn Sie gerne wandern und Ihnen eine lange Wanderung bei großer Hitze nichts ausmacht, ist dies ein idealer Ausflug für Sie. Für temperaturempfindliche Personen sowie Personen mit Kreislaufproblemen empfiehlt sich dieser Ausflug hingegen nicht.

Aufgrund der hohen Temperatur im Hochsommer ist die ideale Zeit für eine Wanderung durch die Schlucht im Frühjahr. Zu dieser Zeit haben Sie außerdem den Vorteil, dass nicht ganz so viele Touristen unterwegs sind. Sie können entweder eine der angebotenen Touristentouren mitmachen oder aber die Schlucht allein durchwandern. Wenn Sie die Wanderung allein machen möchten, starten Sie am besten bei Xiloskalo, südlich von Omalos, und wandern Sie anschließend bis zum Meer nach Süden, nach Agia Roumeli. Planen Sie bei Ihrer Wanderung durch die Schlucht von Samaria in jedem Fall bitte genügend Nahrung ein, da es in der gesamten Schlucht keine Einkaufsmöglichkeiten gibt. Es gibt einige natürliche Quellen, aus denen Sie trinken können, es empfiehlt sich jedoch, ausreichend Trinkwasser dabei zu haben.

Für die gesamte Wanderung benötigen Sie durchschnittlich fünf bis sieben Stunden, je nach Kondition. Am Eingang der Schlucht müssen Sie ein Ticket kaufen, welches 5 € kostet. Geben Sie dieses bitte am Ende der Wanderung wieder ab, sodass kontrolliert werden kann, ob bei Tagesende auch alle Besucher die Schlucht verlassen haben.

Lefka Ori

Ebenfalls bei Wanderbegeisterten beliebt ist eine Wanderung durch Lefka Ori – die weißen Berge im Westen der Insel. Sie starten im kleinen Dörfchen O-malos, in dem Sie auch die Wanderung zu der Samaria-Schlucht beginnen können. Von dort aus winden sich schmale Straßen den Berg hinauf. Die Berge dort sind über 2.400 m hoch und das Gelände ist uneben und unwegsam. Diese Wanderung ist daher keinesfalls für Personen geeignet, die keine Wander-Erfahrung haben oder körperlich nicht fit sind. Sie sollten bei Wanderungen durch Lefka Ori auch immer auf Wetterumschwünge vorbereitet sein, von plötzlichem Wind über Nebel oder Regen ist alles möglich. Daher packen Sie bitte auch wärmere Kleidung ein.

Wenn Sie sich zu einem Besuch der Gegend entschließen, lohnt sich ein kurzer Besuch in dem dort angesiedelten Ort Lissos, wo Sie Überreste römischer Thermen und einer antiken Festung bewundern können. Sind Sie mit dem Mietwagen unterwegs, verlassen Sie nicht die asphaltierten Straßen, da das Gelände abseits dieser sehr unwegsam ist.

Wenn Sie an einer Tour abseits der Straßen interessiert sind, können Sie die Jeep-Safari-Touren mitmachen, die von vielen Ausflugsanbietern angeboten werden. Hier haben Sie auch die Möglichkeit, selbst zu fahren, Sie werden aber von erfahrenen Tourguides begleitet.

AUSFLUGSANBIETER – ACHTUNG KOSTENFALLE

Wie in jedem Touristenort gibt es eine gar unüberschaubare Menge an Anbietern, die Ausflüge ab Chersonissos anbieten. Damit Sie nicht in die Kostenfalle tappen, müssen Sie einige Kleinigkeiten beachten. Buchen Sie nicht spontan den nächstbesten Ausflug, der Ihnen angeboten wird. Teilweise werden die gleichen Ausflüge von anderen Anbietern für die Hälfte des Preises angeboten. Auch die zusätzlichen Kosten, die bspw. für Eintrittsgelder oder Ähnliches fällig werden, sind nicht immer klar ausgezeichnet, sodass schnell mehr Geld fällig wird als eigentlich gedacht.

Haben Sie eine Pauschalreise gebucht, hat Ihr Reiseanbieter meistens einen Reise-Guide, der während Ihrer ersten Tage an einem festen Termin vor Ort sein wird und Ihnen Ihre Fragen beantwortet. Der entsprechende Termin wird Ihnen durch Ihren Veranstalter mitgeteilt. Diese Reise-Guides stellen Ihnen dann meist auch diverse Ausflugsoptionen auf Kreta vor, die Sie über den jeweiligen Reiseanbieter auch gleich buchen können. Dies ist eine gute Möglichkeit, sich erst einmal einen Überblick über die vorhandenen Möglichkeiten vor Ort zu verschaffen und um Preise zu haben, mit denen Sie die der anderen Ausflugsanbieter vergleichen können.

Neben Ihrem Reiseanbieter haben Sie weitere Möglichkeiten, sich nach geeigneten Ausflügen umzuschauen. In Chersonissos gibt es jede Menge kleine Ausflugsbüros, die Touren von verschiedenen Anbietern im Angebot haben. Diese Ausflugsbüros leben ausschließlich von den an die Touristen verkauften Ausflügen, für die sie vom eigentlichen Anbieter eine geringe Provision bekommen.

Da die Preise in diesen Büros meistens deutlich günstiger sind, empfiehlt es sich, auf jeden Fall die Anbieter vor Ort zu unterstützen, indem man über die dortigen Büros Ausflüge bucht statt über die großen Reiseveranstalter, die ohnehin schon deftige Gewinne einstreichen. Ein sehr zu empfehlendes Büro liegt an der Straße Dimokratias, von der aus die meisten Straßen mit Hotels und Shops abgehen. Sie finden das Büro in einer kleinen Ladenzeile neben dem Autovermietungsbüro „Caravel". Die Beratung dort ist gut und die Preise bei ähnlicher oder teils gleicher Leistung halb so teuer wie bei den großen Reiseanbietern.

Abgesehen von den Ausflugsbüros in Chersonissos haben Sie natürlich noch die Möglichkeit, sich im Internet nach Angeboten umzusehen. Es gibt diverse Anbieter, die sogar eine spontane Buchung am Vortag über das Smartphone ermöglichen. Hier sollten Sie die zuvor genannten Punkte natürlich doppelt und dreifach beachten, da Sie bei Buchungen über das Internet anders als bei den anderen beiden hier genannten Optionen keinen persönlichen Ansprechpartner vor Ort haben, an den Sie sich bei Problemen wenden können.

Wenn Sie die genannten Punkte beachten und die Angebote verschiedener Anbieter vor der Buchung miteinander vergleichen, werden Sie garantiert einige interessante Ausflugsziele entdecken und dabei noch Ihre Urlaubskasse entlasten! Was will man mehr?

Gastronomie und Geschäfte

Chersonissos ist ein wahres Mekka für Gastronomie- und Shoppingbegeisterte. Es gibt unendlich viele Restaurants, Bars und Geschäfte, die teilweise bis spät in die Nacht geöffnet sind. Eine nächtliche Shoppingtour und nächtliches Schlemmen sind hier auf jeden Fall möglich.

An der Strandpromenade können Sie dies sogar direkt am Meer tun. Beim Schlendern durch die Gassen des Ortes werden Ihnen auch immer wieder Geschäfte auffallen, die Sie vorher nicht wahrgenommen haben. Durch das große und vielseitige

Ladenaufkommen bleibt in Chersonissos kein Shoppingwunsch unerfüllt. Das folgende Kapitel gibt Ihnen einen ersten Einblick in die Vielfältigkeit der Läden und stellt Ihnen einige Shops vor, die definitiv einen Besuch wert sind.

GASTRONOMIE

Die Gastronomieszene von Chersonissos ist ebenso vielseitig wie die Besucher des Ortes. Von einheimischen, traditionellen Tavernen über modern-luxuriöse Strandbars und -restaurants bis hin zu klassischen italienischen Restaurants ist hier alles vertreten. Durch das Überangebot leckerer Speisen und Drinks fällt die Entscheidung, wo man als Nächstes einkehren soll, nicht immer leicht.

Die Restaurants und Bars an der Strandpromenade bieten Ihnen neben den Köstlichkeiten einen atemberaubenden Ausblick auf das Meer, da alle dortigen Restaurants Terrassen direkt über dem Strand haben. Einige Restaurants verwandeln die zugewiesenen Strandabschnitte in ein Strandrestaurant, sodass Sie Ihr Essen und eventuell den ein oder anderen Drink bei Kerzenlicht direkt am Meer genießen können. Eine klassische griechische Taverne finden Sie abseits des Touristentrubels der Neustadt in

Alt-Chersonissos direkt am Marktplatz. Sofas Taverna bietet Ihnen griechische Klassiker an, die traditionell zubereitet und serviert werden, aber auch köstliche gegrillte Speisen. Berühmt ist die Taverne für ihre Steaks, aber auch gegrillter Fisch und verschiedene Gemüsesorten werden hier angeboten.

Neben den hervorragenden Speisen hat die Taverne auch einen Rosé-Hauswein, von dem Sie unbedingt ein Glas probieren sollten. Abgerundet wird das Essen hier, wie in der Gegend üblich, mit einem Obstteller und einem Schnaps aufs Haus. Auch in der Nähe der Strandpromenade finden Sie eine klassische Taverne.

Das griechische Restaurant Mythos gehört zu den beliebtesten in ganz Chersonissos. Sie finden das Mythos in der Straße Sanoudaki, die hinter dem römischen Brunnen von der Uferpromenade abgeht. Wenn Sie mit mehreren Personen zum Abendessen kommen möchten, sollten Sie vorher einen Tisch reservieren. Durch die Beliebtheit des Restaurants ist es hier im Sommer bis spät abends gut gefüllt.

Wenn Sie auf der Suche nach einem geeigneten Restaurant für Ihr nächstes Abendessen oder nach einer Bar für die nächtlichen Drinks sind, können Sie sich auf der Strandpromenade umsehen. Dort gibt es unzählige Bars und Restaurants mit direktem

Meerblick. Ein schönes Candle-Light-Dinner am Meer können Sie in vielen Restaurants genießen. Das Restaurant Rustico bietet Ihnen hierfür eine der schönsten Kulissen des Ortes. Abends wird der Strand vor dem Lokal in ein stilvoll dekoriertes Strandrestaurant verwandelt.

Weiße Stege aus Holz führen Sie über den Sand zu Ihrem Sitzplatz direkt am Meer. Das gebotene Ambiente hier ist wunderschön. Die Preise sind zudem nicht überteuert und das Essen schmeckt fantastisch. Wenn Sie es etwas abgelegener mögen, können Sie das Strandrestaurant des Hotels Alia Beach besuchen, das etwas abseits der Touristenmeile liegt. Das Restaurant liegt in der kleinen Bucht hinter dem Hafen in Chersonissos. Hier können Sie eine ruhige Atmosphäre und leckeres Essen genießen.

Eine besonders schöne Location für den ein oder anderen Drink bietet Ihnen die Kahlua Premium Beach Bar, die sich auf Höhe der Seitenstraße Pampoudaki an der Promenade befindet. Sie erwartet eine gemütlich und hochwertig eingerichtete moderne Strandbar. Passende Musik rundet das Angebot perfekt ab. Die Preise hier sind etwas gehoben, das Ambiente ist es aber auf jeden Fall wert. Wenn Sie auf der Suche nach einer günstigeren Alternative sind, ist die Tiger Bar eine geeignete Alternative. Sie finden die Bar in der Nähe des Hafens auf der Promenade. Auch hier haben Sie einen Meerblick, der hier noch durch die Aussicht auf den kleinen Hafen ergänzt wird. Die Bar befindet sich aber nicht direkt am Strand, sondern auf einer Terrasse über den dortigen Klippen. Hier bekommen Sie abends 2 Drinks zum Preis von einem, Sie können also ganze 50 % sparen!

KLEIDUNG UND ACCESSOIRES

Sie können in Chersonissos jede Menge Boutiquen und Shops erkunden, in denen Kleidung und Accessoires aller Art angeboten werden. Die meisten der Geschäfte befinden sich auf der Haupt-Einkaufsstraße, der El. Venizelou, und an der Strandpromenade sowie in den dazwischenliegenden Seitenstraßen. Die Qualität der Ware ist in Ordnung, teilweise jedoch mangelhaft.

Das betrifft auch die gefälschte Markenware, die dort angeboten wird. Gucci, Supreme, Chanel, Prada usw. sind nur einige der Marken, von denen Fakes in den Geschäften verkauft werden. Achten Sie also unbedingt auf die Qualität, bevor Sie Kleidung kaufen. Sie können dann einige Schnäppchen in den Shops jagen. Achten Sie bitte darauf, gefälschte Markenartikel nicht in Unmengen zu kaufen. Sie könnten sonst Probleme beim Zoll bekommen, wenn aufgrund der Menge der Verdacht geweckt wird, dass Sie die Produkte weiterverkaufen möchten. Nehmen Sie daher nur Kleidung für sich selbst mit.

Neben allgemeinen Bekleidungsgeschäften gibt es auch einige interessante Spezialgeschäfte, beispielsweise für Lederwaren. Die beste Adresse dafür ist Hatzis Leather in der Straße Eleftherias. Hier gibt es vom Meister persönlich hergestellte Lederwaren. Die Werkstatt befindet sich im Geschäft, sodass Sie einen Einblick in den Herstellungsprozess der einzelnen Produkte erhalten können.

Wenn Sie auf der Suche nach einer neuen Handtasche oder einem neuen Portemonnaie sind, werden Sie hier garantiert fündig. Auch eine Auswahl an Lederschuhen und Sandalen wird angeboten. Hier erwartet Sie Meisterhandwerk zu einem vernünftigen Preis. Sie erreichen das Geschäft am besten, wenn Sie von der Strandpassage aus die Straße Minoos hinaufgehen, anschließend die Hauptstraße überqueren und schräg rechts in die Straße Eleftherias einbiegen. Das Geschäft befindet sich auf der linken Seite kurz vor der Straßengabelung.

BEAUTY- UND KOSMETIKLÄDEN

Ein umfangreiches Angebot an Beautyprodukten erwartet Sie in dem Shop Olive Spa in der Straße Dimokratias, die parallel zur Hafenpromenade verläuft. Hier gibt es diverse Arten von Cremes, Masken, Seifen und weiteren, aus Olivenöl hergestellten Produkten. Das Personal in dem Shop ist sehr freundlich und immer bemüht, Sie bei Ihrer Auswahl zu unterstützen. Der Laden hat eine große Verkaufsfläche, auf der Sie neben den diversen Kosmetikprodukten weitere nützliche und schmackhafte Produkte entdecken können. So gibt es beispielsweise eine Auswahl verschiedener Olivenöle, Nüsse und Honig.

In dem kleinen Laden Back to Nature an der Hauptstraße El. Venezilou, die abseits des Hafens parallel zur Strandpromenade verläuft, finden Sie Kosmetikprodukte aller Art, die ausschließlich mit natürlichen Inhaltsstoffen hergestellt wurden. Auch hier ist die Qualität der Beratung ausgezeichnet, das Personal kennt die Zusammensetzung und die Herkunft aller Waren und berät auch hinsichtlich der Verwendung. Die Produkte, die dort verkauft werden, stammen aus Kleinbetrieben, sind aber dennoch nicht überteuert. Wenn Sie auf der Suche nach einer geeigneten Naturkosmetik sind, lohnt sich ein

Besuch hier definitiv. Neben den gefälschten Kleidungsartikeln und Accessoires von Luxusmarken finden Sie in einigen Shops in Chersonissos auch nachgemachte Parfüme der Marken. Sie können hier sehr gute, aber auch sehr schlechte Imitate erwischen. Es gilt: Bitten Sie den Verkäufer, dass Sie eine Packung öffnen und proberiechen dürfen.

Wenn das nicht gestattet wird, ist die verkaufte Fälschung vermutlich nicht so gut wie der ausgestellte Probeflacon. Viele Shops stellen das Originalparfüm als Probeflacon ins Regal, wenn Sie dann das gekaufte Produkt öffnen, riecht dies unter Umständen wesentlich schlechter als das Original. Auch der Preis ist ein Indiz dafür, wie gut das Imitat ist. Die Parfüme für 3 oder 4 € sind ihr Geld kaum wert. Wenn Sie auf der Suche nach einem überzeugend nachgemachten Parfüm sind, sollten Sie sich bei den Produkten umsehen, die 10 € oder mehr kosten.

LEBENSMITTELBESCHAFFUNG

Sie haben in Chersonissos genügend Möglichkeiten, um sich mit Lebensmitteln zu versorgen. Es gibt eine Vielzahl an Shops, wo Sie das Nötigste kaufen können. Diese sind etwa vergleichbar mit umfangreich ausgestatteten Kiosken in Deutschland, auch preislich gesehen.

Neben diesen Shops gibt es einige gut sortierte Supermärkte. Einen davon finden Sie in der Dimokratias, der Parallelstraße zur Hafenpromenade. Die Preise sind dort etwas höher als in Deutschland. Neben den Standardprodukten können Sie hier auch eine großartige Auswahl an Gewürzen und Delikatessen kaufen.

Abgesehen von den Geschäften in den Touristenstraßen von Chersonissos gibt es auch eine deutlich günstigere Variante, Lebensmittel zu besorgen. Am Ortsausgang Richtung Gouves/Heraklion wurde vor einigen Jahren eine LIDL-Filiale gebaut, wo die Preise ähnlich günstig wie in den deutschen Filialen sind. Ein Produkt, das besonders ins Auge sticht, ist das Hörnchen. In sämtlichen Läden des Ortes, wo Sie Lebensmittel kaufen können, gibt es sie in verschiedenen Größen und mit verschiedenen Füllungen. Wenn Sie ein Schokoladenfan sind, müssen Sie unbedingt eines der Riesen-Schoko-Hörnchen in Kuchengröße probieren! Mit der Buchung eines All-Inklusive-Hotels sind Sie theoretisch rund um die Uhr mit Nahrungsmitteln versorgt. Dennoch empfiehlt es sich, kleinere Snacks und Getränke in den Lebensmittelgeschäften zu besorgen, sodass Sie auf Ausflügen immer etwas Verpflegung mitnehmen können.

Beschränkt sich das Angebot Ihres Hotels nur auf die Übernachtung und ggf. ein Frühstück, können Sie sich in den Lebensmittelgeschäften der Stadt gut eindecken, sodass Sie nicht immer in einem Restaurant essen müssen. Die meisten der Frühstückshotels bieten ihren Gästen kleine Kühlschränke in den Zimmern an, wo Sie die gekauften Lebensmittel lagern können.

Sie können auch in den Supermärkten interessante Lebensmittel entdecken und es entlastet dazu noch Ihre Urlaubskasse. Auch auf den Märkten in der Umgebung sollten Sie sich umsehen, beispielsweise auf dem Markt in Heraklion, wo Sie viele leckere Spezialitäten zu günstigen Preisen kaufen können.

SOUVENIR- UND GESCHENKLÄDEN

In fast allen Läden in Chersonissos können Sie Souvenirs kaufen. Sie sollten aber nicht gleich das Erstbeste kaufen, sondern sich in Ruhe in den Shops des Ortes umsehen. Neben den Standard-Touri-Souvenirs können Sie auch besondere Geschenke in einigen Geschäften entdecken.

In dem Shop Cretan Secrets erhalten Sie inselbezogene Souvenirs aller Art. Sie finden den Shop in der Seitenstraße Sanoudaki hinter dem römischen Brunnen, wenn Sie vom Hafen aus an der Uferpromenade entlang spazieren. Die Familie der Inhaber produziert seit Generationen eigenes Olivenöl, das Sie hier kaufen können. Es schmeckt fantastisch und eignet sich hervorragend als Mitbringsel für Ihre Familie und Freunde.

Neben dem Öl finden Sie hier weitere schmackhafte Delikatessen, beispielsweise Thymianhonig mit Nüssen, sowie verschiedene Kosmetikprodukte aus Olivenöl. Die Preise sind hier im Vergleich zu den unzähligen anderen Souvenirshops an der Promenade recht niedrig, sodass Sie sich hier ohne schlechtes Gewissen auch ein Geschenk für Sie selbst kaufen können.

Wenn Sie auf der Suche nach einem besonderen Geschenk für Ihre Liebsten sind, ist der Laden Maria Sanoudaki Ceramic-Art Studio in Alt-Chersonissos ein echter Geheimtipp. Hier finden Sie handgearbeitete Keramikprodukte, unter anderem Dekorationen und Schmuck.

Die Eigentümerin Maria stellt die Produkte selbst her, Sie können sich ihr Studio ansehen und sich von ihr erklären lassen, mit welchen verschiedenen Techniken sie arbeitet. Teilweise können Sie sogar beobachten, wie sie die Produkte herstellt. Wenn Sie nach einem Souvenir suchen, das nicht unbedingt den Standard-Klischees entspricht, lohnt sich ein Besuch in dieser Kreativwerkstatt definitiv!

Hotels – für jeden etwas dabei

ALIA BEACH HOTEL – FRÜHSTÜCKSHOTEL MIT WOHLFÜHLFAKTOR

Das Alia Beach Hotel befindet sich, anders als viele andere Hotels, die den Namen „Beach" tragen, tatsächlich in unmittelbarer Strandnähe. Tritt man aus dem Haupteingang hinaus, befindet sich der Zugang zum Strand in etwa 20 Metern Entfernung. Durch den Barbereich, den man über einen Gang hinter dem ansprechend gestalteten Buffet-Bereich erreicht, erreichen Sie eine kleine Promenade. Auf der anderen Seite befindet sich das Außenrestaurant des Hotels, das über Sitzplätze auf der über dem Strand gelegenen Terrasse sowie über Sitzplätze auf einer kleineren Terrasse darunter verfügt, von der aus Sie einen wunderschönen Blick auf die Bucht haben. Besonders abends ist dieser Ort sehr schön, um den ein oder anderen Snack oder eine Weinschorle zu genießen.

Das Verpflegungs-Angebot des Hotels beschränkt sich auf das Frühstücksbuffet, welches im Übernachtungspreis inbegriffen ist. Während morgendliche Buffets mancher All-Inklusive-Hotels sehr zu wünschen übrig lassen, was Geschmack und Frische angeht, erhalten Sie in diesem Hotel ein sehr umfangreiches Speisenangebot aus Warm- und Kaltspeisen.

Dazu gibt es verschiedene Obst- und Gemüsesorten und Salate, die allesamt sehr frisch sind und mit dem bereitgestellten Müsli, Joghurt oder Quark kombiniert werden können. Die Servicekräfte sind sehr freundlich und diskret, sie kümmern sich stets um die Zufriedenheit ihrer Gäste sowie um ein reichlich gefülltes Buffet. Eine Kaffeemaschine, eine Teezubereitungsmöglichkeit sowie mehrere frische Säfte sind ebenfalls vorhanden.

Sie können Ihr Frühstück in dem schön gestalteten Frühstücksraum genießen, haben aber auch die Möglichkeit, sich auf die an diesen Raum angrenzende Terrasse zu setzen. Unmittelbar neben dem Buffet-Bereich befindet sich zudem ein kleiner, mit Pflanzen und liebevollen Details gestalteter Innengarten, der ebenfalls mit einigen Sitzmöglichkeiten ausgestattet ist. Hier können Sie Ihren Tag in ruhiger Atmosphäre beginnen.

Die Zimmer im Alia Beach Hotel sind komfortabel eingerichtet und ausgesprochen sauber. Die normalen Doppelzimmer verfügen über einen großen Schrank inklusive kleinem Tresor. Die Betten sind groß und sehr gemütlich. Nach einem langen Tag am Meer lässt es sich hier gut entspannen. Es gibt Zimmer mit Balkon zum Meer oder zum Pool, die mit kleinen Wäscheständern sowie Tisch und Stühlen ausgestattet sind. Jedes Zimmer verfügt über einen kleinen Kühlschrank, den Sie nutzen können, sowie einen Wasserkocher und immer frische Gläser und Tassen. Eine kleine Teeauswahl wird ebenfalls bereitgestellt. Das Hotel bietet neben normalen Doppelzimmern auch Suiten an, in denen drei oder vier Personen Platz finden können.

Wenn Sie die Küche vor Ort kennenlernen möchten und viel unterwegs sein werden, sollten Sie darüber nachdenken, auf den Komfort eines All-Inklusive-Hotels zu verzichten und sich nach einem solchen Übernachtungsangebot inklusive Frühstück umzuschauen. Ist es Ihnen zudem wichtig, in einem Hotel zu übernachten, das fußläufig zu der Touristenmeile, aber dennoch nicht direkt daneben liegt, sind Sie mit diesem Hotel gut beraten. Ein echter Geheimtipp!

CRETA MARIS BEACH RESORT – FÜR DEN BESONDEREN LUXUS

Wenn Sie auf der Suche nach einem Luxushotel in Chersonissos sind, ist das Creta Maris Beach Resort definitiv einen Besuch wert. Es verfügt neben diversen Gastronomie-Angeboten über ein Hammam Spa sowie ein Fitness- und Wellness-Center. Letzteres können Gäste des Hotels kostenlos besuchen, für das Hammam Spa gibt es ab einem Aufenthalt von vier Nächten ein Freiticket pro Person, welches 15 Minuten Hammam, 15 Minuten Massage und 15 Minuten im Spa-Entspannungsbereich beinhalt. Hier können Sie Ihren Kreta-Aufenthalt also wunderbar mit einigen Wellness-Anwendungen ergänzen.

Das Hotelgelände verfügt neben dem hauseigenen Fitnessstudio über weitere sportliche Aktivitäten, an denen Sie als Gast kostenfrei teilnehmen können. So stehen unter anderem zwei Tennisplätze, Basketball, Strand-Volleyball sowie Minigolf zur

Verfügung. Darüber hinaus können Sie als Hotelgast an einer Vielzahl weiterer Aktivitäten teilnehmen, unter anderem stehen verschiedene umwelt- und lokal-orientierte Aktivitäten, zum Beispiel Meeresreinigung oder eine traditionelle Olivenernte, zur Verfügung. Nehmen Sie diese Angebote wahr, um neue interessante Erfahrungen zu machen – Sie werden es nicht bereuen!

Das Hotel bietet seinen Gästen All-Inklusive-Verpflegung von 6 bis 0 Uhr in sechs verschiedenen Restaurants. In drei davon haben Sie die Möglichkeit, täglich ein umfangreiches Frühstücksbuffet zu genießen. Die gleichen drei Restaurants bieten Ihren Gästen ebenfalls ein warmes Mittags- sowie Abend-Buffet beziehungsweise Á la carte-Essen, wogegen die anderen drei Restaurants sechs Tage die Woche ausschließlich Abendessen Á la carte anbieten. Hier ist garantiert für jeden kulinarischen Geschmack etwas dabei. Wenn Sie zwischen den angebotenen Mahlzeiten Hunger bekommen, können Sie sich an einem der beiden Snack-Points, wo Sie Salate, Burger, Pizza, Toasts und Hot Dogs erhalten, eine Kleinigkeit besorgen.

Ebenfalls im All-Inclusive-Paket enthalten sind neben dem vielfältigen Restaurant-Angebot die Getränkeverpflegung in neun verschiedenen Bars, welche sich über das gesamte Gelände erstrecken. So gibt es neben diversen Barbereichen, die draußen gelegen sind, auch eine geschmackvoll eingerichtete Bar im Inneren, in der Sie Ihre Drinks bei einer stilvollen Atmosphäre schlürfen können. Das Bar-Angebot umfasst außerdem eine Open-Air-Kino-Bar, wo Sie Filme auf der Großbildleinwand schauen können, während Sie schmackhafte Drinks genießen. Hotelgäste erhalten pro Aufenthalt zwei Freikarten pro Person.

Neben diesem vorzüglichen All-Inklusive-Angebot können Sie sich zudem auf Zimmer freuen, die allesamt über Meerblick verfügen. Das Zimmerangebot des Hotels umfasst neben den Deluxe-Zimmern, die dort die niedrigste Zimmerkategorie bilden, diverse Suiten sowie eine Pool Villa, welche sich über zwei Stockwerke auf insgesamt 160 m² erstreckt.

Die Villa verfügt über sämtlichen Komfort, den Sie sich in einem Luxusurlaub wünschen können. Neben einer hauseigenen Sauna genießen Sie hier unter anderem einen privaten Garten mit Speisebereich sowie einen eigenen Pool. Das Luxusangebot wird abgerundet durch einen direkten Zugang zum Strand. Die Sauberkeit aller Zimmer ist ausgezeichnet, es ist viel engagiertes Personal im Einsatz, um den Gästen ein perfektes Urlaubserlebnis bieten zu können.

Durch die Lage am Rande der Touristenmeile nahe des Alia Beach Hotels bietet dieses Hotel ebenfalls eine eher ruhige Umgebung. Wenn Sie sich nach einem Luxusurlaub sehnen, der keine Wünsche offenlässt, ist das Creta Maris Beach Resort die richtige Wahl für Sie!

Verkehr und Mobilität

LEIH- UND MIETANGEBOTE – VOM E-ROLLER BIS ZUM STRANDBUGGY

In Chersonissos gibt es ein Überangebot an Auto-, Roller- und Quadvermietungen, bei denen Sie größtenteils sehr preiswert einen fahrbaren Untersatz mieten können. Oftmals befinden sich die konkurrierenden Anbieter direkt nebeneinander, manchmal sind es sogar vier oder fünf, die allesamt um die Aufmerksamkeit der Touristen wetteifern. Um das beste Angebot für Sie herauszuschlagen, empfiehlt es sich, die Preise mehrerer Anbieter zu vergleichen und zu versuchen, etwas zu handeln.

Das Angebot der Anbieter reicht über Roller sämtlicher Art, Kleinwagen, Quads, Buggys und allerhand anderer fahrbarer Untersätze. Schauen Sie sich am besten einmal im Ort um – es ist garantiert etwas für Ihren Geschmack dabei.

Mieten Sie einen Wagen oder Ähnliches über einen der Anbieter, so genießen Sie vollen Versicherungsschutz für entstehende Schäden durch beispielsweise Unfälle. Beachten Sie jedoch, dass dieser Schutz in dem Augenblick erlischt, in dem Sie mit Ihrem Mietwagen die asphaltierte Straße verlassen. Sind Sie im Gelände unterwegs, so haften Sie selbst für eventuell entstehende Schäden. Es empfiehlt sich also, niemals mit einem Mietwagen oder -roller den Asphalt zu verlassen. Auf Kreta gibt es große Berge, Krater und Schluchten, manchmal fallen auch lose Steine herab. Daher sollten Sie hier lieber keine Schäden an dem Auto oder gar an Ihnen riskieren.

Wenn Sie sich im Straßenverkehr auf Kreta bewegen, ob mit dem Auto oder zu Fuß, seien Sie bitte außerdem stets aufmerksam und achten Sie immer auf Ihre Umgebung! Hier geht es größtenteils sehr chaotisch zu, besonders in den Touristenorten wie Chersonissos, wo die Straßen teils sehr schmal sind und zudem immer viele Leute unangekündigt über die Straße zur anderen Seite huschen. Auch in den

kleinen Seitenstraßen und auf der Strandpromenade sind die Einheimischen sowie die Touristen mit
ihren gemieteten E-Rollern, Motorrädern und Quads
unterwegs und verhalten sich teilweise sehr rück-
sichtslos, wodurch es schnell zu einem Unfall kommen kann, wenn man nicht aufmerksam ist.

Gerade im Hochsommer, wenn dort die meisten
Touristen unterwegs sind, sollte man sich immer
vorsichtig im Straßenverkehr bewegen. Da dort kein
so geordneter Verkehr wie beispielsweise in
Deutschland vorherrscht, seien Sie bitte noch auf-
merksamer als im Straßenverkehr hierzulande. Beachten Sie auch, dass Verkehrssünder auf Kreta mit
hohen Bußgeldern rechnen müssen. So kostet es beispielsweise 80,00 € Strafe, wenn Sie im Parkverbot
stehen.

ÖFFENTLICHE VERKEHRSMITTEL

Auch ohne Mietwagen oder Ähnliches können Sie
sich problemlos fortbewegen, da die öffentlichen
Verkehrsmittel auf Kreta gut ausgebaut sind. Besonders in den bei Touristen beliebten Orten, so auch in
Chersonissos, gibt es regelmäßige Busverbindungen
in die nächstgrößeren Dörfer und Städte. Sie müssen
jedoch auf einige Dinge achten, damit Sie Ihr

gewünschtes Ziel erreichen.

Es gibt auf Kreta zwei verschiedene Busunternehmen, die jeweils eine Hälfte der Insel bedienen. So beginnt die Verwirrung oft schon am Flughafen bei der Ankunft: Kommen Sie am Flughafen Heraklion an und wollen anschließend mit dem Bus zu Ihrer Unterkunft, müssen Sie nach dem richtigen Busunternehmen Ausschau halten, das Ihren Zielort anfährt.

Der Westen Kretas wird von dem Unternehmen „KTEL Chania-Rethimnon" bedient, Orte im Osten Kretas, darunter auch Chersonissos, werden von Bussen des Unternehmens „KTEL Heraklion-Lasithi S.A." angefahren. Im Zweifel lohnt es sich, bei den Flughafen-Mitarbeitern vor Ort nachzufragen. Eine weitere Herausforderung bei der Fortbewegung per Bus in Chersonissos ist das Finden der Bushalte-stellen. Diese sind oftmals lediglich mit einem kleinen Holzschild gekennzeichnet, das nicht immer auf den ersten Blick wahrgenommen wird. Seien Sie also wachsam, wenn Sie durch den Ort spazieren, und schauen Sie auch unter ausladenden Bäumen nach. Oft sind die Haltestellenschilder zugewuchert, sodass man Sie aus einiger Entfernung überhaupt nicht sieht.

Sie müssen sich außerdem manchmal per

Handzeichen bemerkbar machen, um dem Fahrer des Busses zu signalisieren, dass Sie einsteigen wollen. Die Busse halten nicht immer an jeder Haltestelle, dies gilt besonders dann, wenn dort kaum Menschen stehen. In Touristenorten wie Chersonissos halten die Busse aber meistens von selbst an jeder Haltestelle. Seien Sie zudem darauf vorbereitet, dass die Busse nicht immer pünktlich kommen werden.

Es kommt nicht selten vor, dass ein Bus, der laut Fahrplan um 10:05 Uhr fährt, erst um 10:25 Uhr die Haltestelle erreicht. Lassen Sie sich davon nicht verunsichern – Sie werden Ihr Ziel dennoch erreichen, wenn auch nicht immer pünktlich. Planen Sie also stets genug Pufferzeit ein, wenn Sie mit dem Bus unterwegs sind, und nehmen Sie, beispielsweise auf dem Weg zum Rückflug, lieber ein oder zwei Busse früher als eigentlich nötig.

Wenn Sie die genannten Besonderheiten beachten, steht Ihrer Fortbewegung per Bus nichts mehr im Weg. Die Bustickets sind zudem relativ preiswert, sodass man sich ohne große Mehrkosten bequem mit dem Bus fortbewegen kann. Sie erhalten die Tickets bei einem Busbegleiter, der nach dem Halt des Busses meist aussteigt, den Zielort ansagt und anschließend die Fahrkarten ausgibt.

Das Ansagen des Zielortes ist hilfreich, da dieser nicht immer vorne auf dem Bus steht. Die Busverbindungen von Agios Nikolaos über Malia und Chersonissos mit dem Ziel Heraklion sowie die Verbindung von Heraklion über Chersonissos und Malia mit dem Ziel Agios Nikolaos sind die beiden wichtigsten Verbindungen. In Heraklion gibt es einen Busbahnhof und Busstationen, von denen aus Sie weitere Ziele, beispielsweise den ehemaligen Palast Knossos, erreichen.

Ein Urlaubsbericht

Die Urlaubsstimmung begann bereits am Flughafen. Als mein Freund und ich auf Kreta landeten, erblickten wir sofort das Meer. Dank der gebuchten Pauschalreise mussten wir uns nur in den Reisebus unseres Veranstalters setzen, der vor dem Flughafen wartete, und nicht mit dem öffentlichen Bus zum Hotel fahren.

Nach einer etwa 30 Minuten langen Busfahrt kamen wir an unserem Hotel, dem Alia Beach Hotel, in Chersonissos an. Wir hatten uns für dieses Hotel entschieden, weil es sich um ein reines Frühstückshotel handelt und es etwas abseits der Touristenmeile liegt. Die Bewertungen des Hotels waren ebenfalls ausgezeichnet. Im Hotel angekommen, wurden wir freundlich empfangen. Da wir bereits morgens im Hotel ankamen, war unser Zimmer noch nicht fertig. Das war aber nicht schlimm, man bat uns an, unser Gepäck sicher zu verstauen und anschließend das reichhaltige Frühstücksbuffet zu genießen. Wir genehmigten uns also ein kleines Frühstück und zogen dann los, um den Ort zu erkunden.

Als Erstes spazierten wir die Strandpromenade hinunter, die langsam nach und nach zum Leben erwachte. Nach einiger Zeit entdeckten wir einen schönen Aussichtsplatz gegenüber dem römischen Brunnen hinter dem Kiosk. Hier saßen wir einige Zeit, genossen unsere erste Dose Cola im Urlaub und schauten auf das Meer hinaus. Direkt vor den Felsen zu unseren Füßen tauchten auf einmal einige große Schildkröten auf, die eine Weile vor den Felsen herumschwammen, bevor sie wieder im weiten Meer verschwanden.

Nach einem weiteren kleinen Spaziergang bekamen wir langsam Hunger, suchten uns eine Taverne mit Terrasse direkt am Meer für unser erstes Mittagessen auf der Insel aus und bestellten einen großen Grillteller mit Salatbeilage und frittierten Hackbällchen. Nachdem wir unser Hotelzimmer bezogen hatten, haben wir sofort unsere Badesachen angezogen und sind an den Strand gegangen. Hier verbrachten wir einige Stunden bis zum Abend. Da wir schon wieder Hunger, aber auch Lust auf einen Cocktail hatten, beschlossen wir, zunächst etwas trinken zu gehen. In einer Bar an der Strandpromenade lernten wir ein anderes deutsches Paar kennen, mit dem wir noch einige Drinks nahmen und anschließend auf Essensjagd gingen.

Wir entdeckten ein wunderschönes Restaurant, das Rustico, in dem wir direkt am Strand essen konnten. Wir saßen dort noch einige Stunden bei hervorragendem Essen, tollen Cocktails und dem ein oder anderen Honig-Raki und verabredeten uns für den nächsten Tag, um zusammen Knossos zu erkunden. Das Restaurant Rustico gehörte seit diesem ersten Besuch dort zu meinen Lieblingskulissen im Ort.

Am nächsten Morgen trafen wir uns nach einem ausschweifenden Frühstück mit dem deutschen Pärchen und fuhren gemeinsam mit dem Bus nach Heraklion, um von dort aus zum Palast Knossos weiterzufahren. Dort angekommen, entschieden wir uns für eine deutschsprachige Führung durch das Gelände. Unser Guide war sehr freundlich und wir bekamen im Laufe der Tour einige interessante Informationen zu der Geschichte dieses Ortes und den Mythen, die sich um diesen Ort drehen. Wir nutzten die Tour auch, um einige schöne Fotos von den Palast-Überresten und der umgebenden Berglandschaft zu machen. Nach der Führung entschlossen wir uns dazu, noch einen kleinen Snack in dem dortigen Restaurant zu essen und eine Kleinigkeit zu trinken. Wir entschieden uns für verschiedene Sorten gefülltes Gemüse und einige frische Fruchtsäfte und Kaffee, alles war sehr lecker und frisch zubereitet.

Danach hatten wir eigentlich geplant, in das Archäologische Museum in Heraklion zu fahren, da wir ein Kombiticket für Knossos gekauft hatten, das für das Museum ebenfalls gültig war. Wir hatten aber alle eher Lust auf Meer, also fuhren wir wieder zurück nach Chersonissos und trafen uns am Strand, wo wir bis zum Abend blieben. Da uns das Rustico am Vorabend so gut gefallen hatte, beschlossen wir, hier wieder zum Abendessen hinzugehen. Insgesamt waren wir bestimmt fünf Mal dort zum Essen oder Trinken.

Unser Reise-Guide kam am nächsten Morgen zu uns ins Hotel, um Fragen zu beantworten und uns einige Infos über die Insel, die Umgebung sowie die Ausflüge zu geben, die unser Reiseveranstalter anbot. Da uns die Preise für die Ausflüge etwas teuer vorkamen, haben wir uns gegen eine Buchung über unseren Anbieter entschieden. Wir wollten uns zunächst im Ort umsehen, welche Ausflugsangebote es dort noch gibt. Also zogen wir nach dem Gespräch los, um die einheimischen Anbieter zu erkunden. Wir entdeckten ein kleines unscheinbares Büro an der Straße Dimokratias neben der Autovermietung Caravel. Die Dame bat uns herein und fragte uns, an welchen Ausflügen wir interessiert sind.

Da wir noch keinen konkreten Plan hatten, welche Ausflüge wir buchen wollten, hat sie uns erst einmal die verschiedenen Ausflüge vorgestellt. Wir stellten schnell fest, dass die Preise hier nur knapp halb so teuer wie die bei unserem Reiseanbieter waren. Also buchten wir zwei Tagesausflüge, wovon einer gleich am nächsten Tag stattfand.

Nach der Buchung genehmigten wir uns einen leckeren Burger in einer der Burger-Bars an der Strandpromenade und machten anschließend eine kleine Mittagsruhe. Ausgeruht und frisch starteten wir anschließend mit einer kleinen Wanderung nach Alt-Chersonissos in den Nachmittag und verbrachten dort den restlichen Tag. Zum Abendessen suchten wir uns eine Taverne am Marktplatz aus, wo wir zwei köstliche Steaks bestellten und den Abend bei einem Glas Wein ausklingen ließen.

Am nächsten Tag war wegen des ersten Ausflugs frühes Aufstehen angesagt. Um viertel vor Acht holte uns bereits der Bus ab und so blieb kaum Zeit für ein entspanntes Frühstück. Der folgende Ausflug nach Chrissi Island sollte uns aber dafür doppelt und dreifach entschädigen. Nach einer etwa zweistündigen Busfahrt erreichten wir den Ort Iearapetra, von wo aus unser Schiff Richtung Chrissi Island ablegte.

Nach einer einstündigen Bootsfahrt erreichten wir die einsame Insel Chrissi Island, die vor der südlichen Küste Kretas im offenen lybischen Meer liegt. Um den Golden Beach zu erreichen, der sich auf der Nordseite der Insel befindet, liefen wir etwa 10 Minuten über einen alten Holzsteg mitten durch den alten Zedernholzwald auf der Insel.

Am Strand angekommen, suchten wir uns einen schönen Platz unter den Zedern, die am Rande des Strandes stehen. Nachdem wir die atemberaubende Aussicht und die beeindruckende Natur realisiert hatten und in Ruhe auf der Insel angekommen waren, sind wir erst einmal zwei Stunden ins Meer gegangen. Dort genossen wir das klare Wasser und den wunderschönen Ausblick auf Kretas Berge. Anschließend schnappten wir uns unsere Sachen und wanderten noch ein bisschen über die Insel, auf der wir noch viele interessante Sachen entdeckten.

Etwas zu essen und zu trinken haben wir uns hier nicht gekauft, da wir die vier Stunden auf der Insel nicht damit vergeuden wollten. Bevor wir wieder zurückfuhren, kauften wir uns zwei Lederarmbänder an den Ständen am Holzsteg, damit wir ein Andenken an diesen schönen Tag haben. Außerdem nahmen wir noch einen kleinen Beutel Meersalz mit.

Wieder zurück in Chersonissos, überkam uns langsam der Hunger und so begaben wir uns auf die Suche nach einem geeigneten Restaurant für unser Abendessen. Da wir das hoteleigene Beach-Restaurant noch nicht ausprobiert hatten und vom Tag sehr erledigt waren, entschlossen wir uns, hier essen zu gehen. Wir wählten als Sitzplatz die kleinere Terrasse des Restaurants aus, welche auf halber Höhe zum Strand liegt, und genehmigten uns eine Tomatensuppe, gebackenen Feta und eine Grillplatte. Anschließend haben wir uns noch mit dem deutschen Pärchen getroffen und wir zogen noch ein bisschen durch die Bars an der Strandpromenade.

Den nächsten Tag nutzen wir, um wieder ein ausgiebiges Frühstück zu genießen, im Anschluss die Geschäfte in Chersonissos näher zu erkunden und ein bisschen shoppen zu gehen. Wir kauften einige T-Shirts und zwei Pullover einer bekannten Sportmarke, bei denen die Qualität ganz gut aussah

– im Vergleich zu vielen anderen dort erhältlichen Fake-Klamotten. Auch einige nachgemachte Parfums konnten wir ergattern, die alle dem jeweiligen Original verblüffend ähnelten. Nach einem kleinen Mittagssnack in einer der Strandbars beschlossen wir, den restlichen Tag mit Schnorcheln und Sonnenbaden zu verbringen und abends in die Taverne Mythos zum Abendessen zu gehen. Der Service dort war sehr zuvorkommend und herzlich, das Essen schmeckte zudem vorzüglich. Nach dem üppigen Mahl bekamen wir, wie in der Gegend üblich, einen Obstteller und Schnaps aufs Haus. Da für den nächsten Tag wieder ein Ausflug auf dem Plan stand, verzichteten wir lieber auf einen erneuten Streifzug durch die Bars des Ortes.

Genauer gesagt standen zweieinhalb Ausflüge auf dem Plan, zunächst ging es morgens mit dem Bus nach Elounda. Von dort aus brachte uns ein Boot in eine kleine einsame Bucht am Kolukytha/Vathi Strand. In der Bucht ankerte das Boot für etwa zwei Stunden und wir konnten die Zeit nutzen, um vom Boot ins Meer zu hüpfen, das Baden in der Bucht zu genießen und die Insel zu erkunden, vor der wir geankert hatten. Währenddessen bereitete die Bootscrew ein Barbecue für uns vor, das wir dann auf dem Boot auf dem Weg nach Spinalonga gegessen haben. Auf Spinalonga angekommen, entschlossen wir uns für eine eigenständige Erkundung der Insel. Wir wanderten bis ganz nach oben zu den Überresten der Festung und genossen den traumhaften freien Blick auf das offene Meer, den wir von oben hatten.

Anschließend stiegen wir wieder hinab und erkundeten noch einige Gebäude in dem ehemaligen Dorf, die teilweise zu kleinen Museen, die die Geschichte der früheren Bewohner erzählen sollen, umfunktioniert wurden. Das Boot brachte uns anschließend wieder nach Elounda, von wo aus wir weiter nach Agios Nikolaos fuhren. Dort hatten wir etwa anderthalb Stunden Aufenthalt.

Wir bummelten durch die Geschäfte in der Stadt und gönnten uns einen kleinen Snack in einem der am See gelegenen Restaurants. Anschließend ging es mit dem Bus wieder zurück nach Chersonissos. Nachdem wir einige benötigte Sachen im Supermarkt besorgt hatten, entschlossen wir uns für einen erneuten Besuch im Restaurant Rustico, um bei leckerem Essen und einigen Drinks den Abend ausklingen zu lassen.

Da uns Agios Nikolaos am Vortag so gut gefallen hatte, beschlossen wir, am nächsten Tag noch einmal auf eigene Faust dorthin zu fahren. Wir nahmen also am späten Vormittag den Bus von Chersonissos nach Agios Nikolaos, um dort den Tag zu verbringen. Dort angekommen, erkundeten wir zunächst den oberen Teil der Stadt, wo die meisten Einheimischen wohnen, und liefen anschließend in den unteren Teil der Stadt, wo sich auch die Innenstadt und der Hafen befinden. Wir stöberten ausgiebig durch die dortigen Gassen und entdeckten einige interessante Läden.

In einem Geschäft mit Naturprodukten fanden wir einige schöne Souvenirs für unsere Familie und Freunde, unter anderem Rosenlikör, Nüsse mit Honig und speziellen Tee, der ausschließlich auf Kreta wächst. Ein Laden, der mir neben diesem besonders in Erinnerung geblieben ist, ist ein Edelsteingeschäft. Dort gibt es Edelsteine und Geoden in allen Formen und Größen sowie allerhand Produkte, die daraus gefertigt wurden.

Sie können hier kleinere Produkte für einige Euro kaufen, aber auch Geoden in Menschengröße, die mehrere Tausend Euro kosten. Leider hätte das unsere Urlaubskasse gesprengt und so kompensierte ich den fehlenden Edelstein-Kauf mit dem Kauf eines aus Widderhorn hergestellten Messers, um zumindest irgendein dekoratives und besonderes Andenken an den Tag dort zu haben. Nach unserem ausgiebigen Stadtbummel und dem anschließenden Hafen-Spaziergang setzten wir uns noch in ein Restaurant am See, um eine Kleinigkeit zu essen, bevor wir wieder den Aufstieg in das obere Agios Nikolaos wagten, um von dort aus wieder nach Chersonissos zu fahren. Wieder im Hotel angekommen, machten wir uns frisch und zogen anschließend los, um eine Kleinigkeit zu Abend zu essen und danach eine geeignete Bar für den Abend zu finden.

Letztendlich landeten wir in der Tiger Bar zu Beginn der Promenade in der Nähe des Hafens und genehmigten uns hier unzählige Drinks. Durch das Angebot, zwei Drinks zum Preis von einem zu erhalten, konnten wir unsere Urlaubskasse vergleichsweise schonen, was gegen die Kopfschmerzen am nächsten Tag aber nicht half. Am folgenden Tag, dem letzten vollen Tag auf Kreta, ließen wir einfach nur die Seele baumeln, lagen am Strand, schnorchelten und aßen, was das Zeug hält.

An unserem letzten Tag, nachdem wir unser ausgiebiges Frühstück genossen hatten, zogen wir noch einmal los, um die letzten Besorgungen zu erledigen. Ich wollte unbedingt noch 3 XXXXL-Schokohörnchen kaufen, die ich dann in Deutschland verputzen kann. Wir genossen anschließend noch ein letztes Essen auf Kreta und wurden dann mit dem Bus zum Flughafen gebracht. Bei unserer Abreise waren das erste Mal während unseres Aufenthaltes Wolken am Himmel, die unsere Traurigkeit aufgrund der Abreise gut widerspiegel

Packliste

Geld & Finanzen

O (evtl.) Auslandswährung
O Bargeld
O Bauchtasche
O Brustbeutel
O Bauchtasche
O EC-Karte
O Kreditkarte
O Notfall-Telefonnummern der Banken
O Portmonee

Hygiene

O Haarbürste / Kamm
O Deo (klein)
O Shampoo
O Kulturtasche
O Sonnencreme

O Taschentücher
O Reise-Zahnbürste und Zahnpasta
O Verhütungsmittel

Kleidung

O Badeklamotten
O Gürtel
O Hosen kurz / lang
O Mütze / Cap / Hut
O Pullover
O Regenjacke
O Schlafanzug
O Socken
O Sonnenbrille
O Sportklamotten / Jogginghose
O T-Shirts
O Unterwäsche

Medikamente

O Blasenpflaster
O Anti-Durchfalltabletten

O Erste-Hilfe-Set

O Fiebertabletten

O Fiebertabletten

O Mückenschutz

O sonstige Medikamente

O Pflaster

O Kopfschmerztabletten

Unterlagen & Papiere

O ADAC Unterlagen

O Adresslisten für Postkarten

O Krankversicherungsnachweis

O Stadtplan

O Führerschein

O Unterlagen für die Unterkunft

O Wasserdichte Hülle für Reiseunterla-
gen

O Impfausweis

O Mietwagenunterlagen

O Personalausweis

O Reisepass

O Reisetagebuch

O evtl. Studentenausweis
O evtl. Visum
O Zug- / Bahn- / Flugticket

Taschen & Rucksäcke

O Koffer / Trolley / Reisetasche
O Regenhülle für Rucksack
O Rucksack

Schuhe

O Badeschlappen / Hausschuhe
O Schuhe und Wechselschuhe

Sonstiges

O Brille / Kontaktlinsen und Etui
O Buch zum Lesen
O Ohrenstöpsel und Schlafmaske
O Regenschirm
O Reisedecke
O Wasserflasche

O Wörterbuch

Elektronik

O Digitalkamera
O Handy
O Ladekabel
O Kopfhörer
O evtl. Steckdosenadapter
O Power-Bank

.

Herstellung und Verlag:
BoD – Books on Demand, Norderstedt
ISBN: 9783751983761

© Mareike Vogt 2020
1. Auflage
Kontakt: Psiana eCom UG/ Berumer Str. 44/ 26844 Jemgum
Covergestaltung: Fenna Larsson
Coverfoto: depositphotos.com